EXPLORA LA NATURALEZA™

EXPLORA LA NATURALEZA™

Tortugas
POR DENTRO Y POR FUERA

Texto: Gillian Houghton
Ilustraciones: Studio Stalio
Traducción al español: Tomás González

The Rosen Publishing Group's
Editorial Buenas Letras™
New York

Published in 2004 in North America
by The Rosen Publishing Group, Inc.
29 East 21st Street, New York, NY 10010

Copyright © 2004
by Andrea Dué s.r.l., Florence, Italy, and
Rosen Book Works, Inc., New York, USA

First Edition

All rights reserved. No part of this book may be reproduced in any form without permission in writing from the publisher, except by a reviewer.

Book Design:
Andrea Dué s.r.l., Florence, Italy

Illustrations:
Studio Stalio (Ivan Stalio, Alessandro Cantucci, Fabiano Fabbrucci)
Map by Alessandro Bartolozzi

Spanish Edition Editor: Mauricio Velázquez de León

Library of Congress Cataloging-in-Publication Data
Houghton, Gillian.
[Turtles, inside and out. Spanish]
Tortugas, por dentro y por fuera / Gillian Houghton; traducción al español, Tomás González.
    p. cm. — (Explora la naturaleza)
Includes bibliographical references (p.).
Summary: Describes various kinds of turtles, their physical characteristics, behavior, and threats they face.
ISBN 1-4042-2869-1
1. Turtles—Juvenile literature. [1. Turtles. 2. Spanish language materials.] I. Title. II. Getting into nature. Spanish.
QL666.C5H6818 2003
597.92—dc22
                                                                2003058749

Manufactured in Italy by Eurolitho S.p.A., Milan

Contenido

El cuerpo de la tortuga	4
Una mirada por dentro	6
Un animal y sus nombres	8
La tortuga a través del tiempo	10
El caparazón de la tortuga	12
Los sentidos de la vista y el olfato	14
Un mundo de alimentos	16
El ciclo de vida	18
Crecimiento	20
Los enemigos de las tortugas	22
Tortugas en peligro	24
Glosario	26
Índice	27
Sitios Web	27

El cuerpo de la tortuga

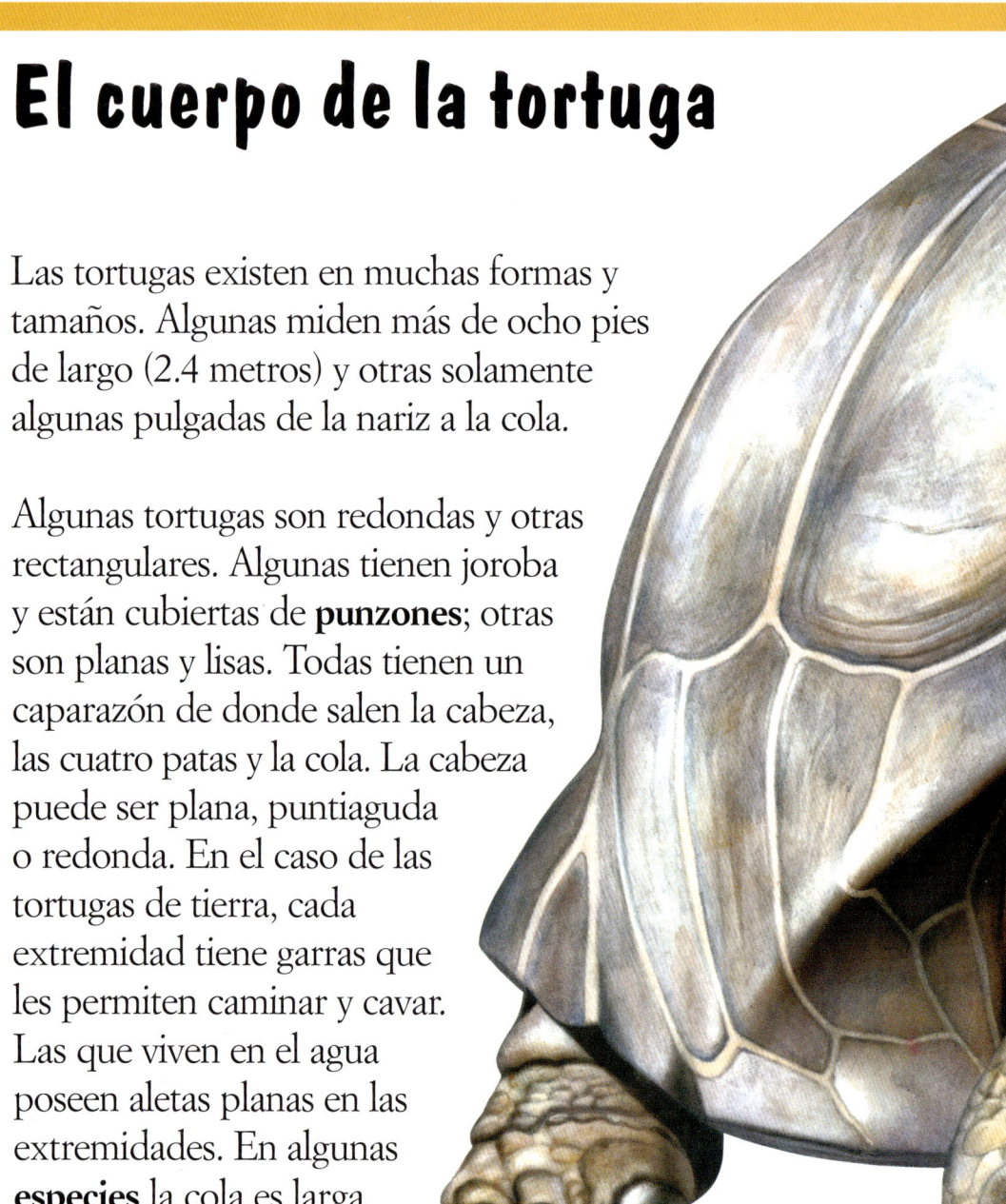

Las tortugas existen en muchas formas y tamaños. Algunas miden más de ocho pies de largo (2.4 metros) y otras solamente algunas pulgadas de la nariz a la cola.

Algunas tortugas son redondas y otras rectangulares. Algunas tienen joroba y están cubiertas de **punzones**; otras son planas y lisas. Todas tienen un caparazón de donde salen la cabeza, las cuatro patas y la cola. La cabeza puede ser plana, puntiaguda o redonda. En el caso de las tortugas de tierra, cada extremidad tiene garras que les permiten caminar y cavar. Las que viven en el agua poseen aletas planas en las extremidades. En algunas **especies** la cola es larga y en otras, muy pequeña.

Tortuga gigante de Galápagos
(Geochelone elephantopus)

Una mirada por dentro

En el interior de la tortuga encontramos un pequeño cerebro, un corazón, grandes pulmones, un **sistema digestivo** y **órganos reproductores**. Una de las partes más interesantes de su cuerpo es el esqueleto, que es la estructura de sus huesos. En nuestro cuerpo, las costillas están en el interior de la estructura formada por los omóplatos, las clavículas y los huesos de la cadera. A esta estructura se la llama "anillo óseo".

vértebras

cráneo

clavícula

En el caso de las tortugas, es al contrario: para protegerse, la tortuga esconde su cabeza y sus extremidades en el caparazón. Para que esto sea posible, las costillas están en el exterior del anillo óseo, unidas a la espina dorsal que, a su vez, está unida a la parte interna del caparazón. Los omóplatos y las clavículas forman parte del caparazón.

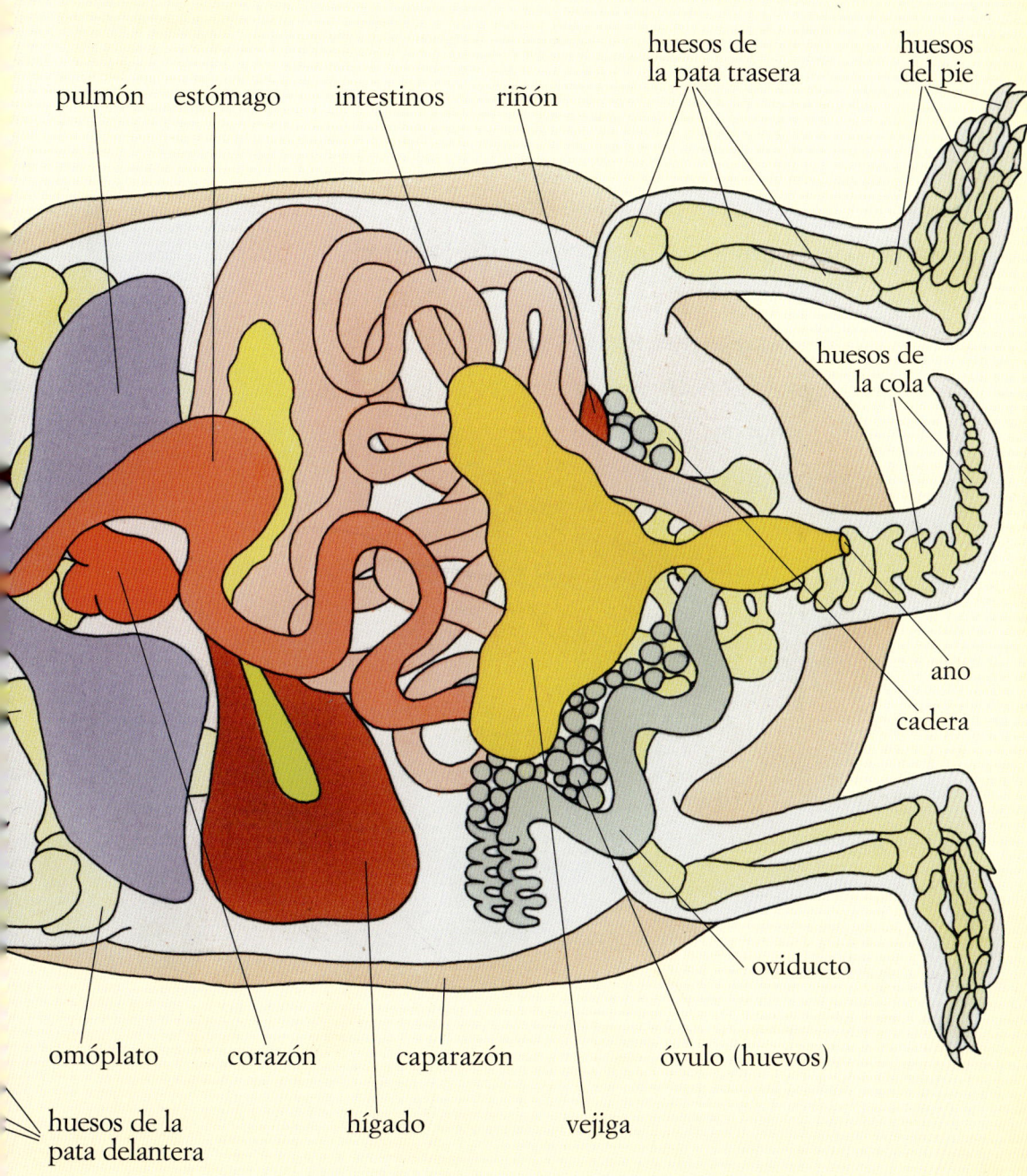

Un animal y sus nombres

En el mundo de habla inglesa no hay una palabra para describir a las distintas clases de tortugas. Anteriormente en Estados Unidos se utilizaba la palabra *turtle* para referirse a las que viven en el mar; a las que viven en ríos o lagos de agua dulce se las denominaba *terrapin*; y a las que habitan en tierra se las llamaba *tortoises*. Los científicos utilizan hoy el término *terrapin* sólo para una especie de tortuga de agua dulce: la tortuga emis de dorso de diamante. Las demás tortugas de agua dulce y de tierra se denominan en inglés simplemente *turtles*. El término *tortoise* sólo se utiliza para nombrar una familia particular de tortugas, la *Testudinidae*, y todas las tortugas de mar se denominan tortugas marinas.

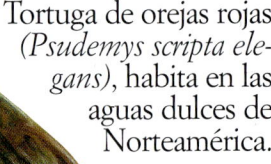

Tortuga de orejas rojas (*Psudemys scripta elegans*), habita en las aguas dulces de Norteamérica.

EUROPA

ASIA

ÁFRICA

DÓNDE SE LOCALIZAN LAS TORTUGAS
(Áreas color marrón)

AUSTRALIA

Tortuga de Hermann (*Testudo hermanni*), que habita en tierras de Europa y el Mediterráneo.

Tortuga marina oliva Ridley (*Lepidochelys olivacea*) se encuentra en los océanos Índico, Pacífico y Atlántico.

Todos estos nombres describen a las tortugas clasificadas en el orden científico **Chelonia**. En español la palabra tortuga se emplea para todas las variedades. En algunas regiones de Centroamérica y Sudamérica se denomina jicotea o hicotea a la tortuga terrestre.

La tortuga a través del tiempo

Las tortugas existen desde hace unos 220 millones de años, a finales del **Período Triásico**. Analizando **fósiles**, los científicos han encontrado al **antepasado** más antiguo de las tortugas: una criatura llamada *Proganochelys*. El *Proganochelys* se parecía mucho a la tortuga mordedora actual, con la diferencia de que tenía dientes. Era muy parecido a las tortugas que vemos actualmente. Muchas especies de tortugas han evolucionado, o cambiado con los años, y otras se han **extinguido** pero, en general, la tortuga actual se parece mucho a la de hace millones de años.

Abajo: Dibujo del *Pareiasaurus*, reptil grande de cuatro patas y vegetariano que vivió a mediados del Período Pérmico, hace cerca de 265 millones de años. Las tortugas quizás evolucionaron de una criatura similar.

¿De dónde proviene el *Proganochelys*? Los científicos no lo saben. Las tortugas antiguas y las modernas son muy diferentes a otros **reptiles**, actuales o extintos.

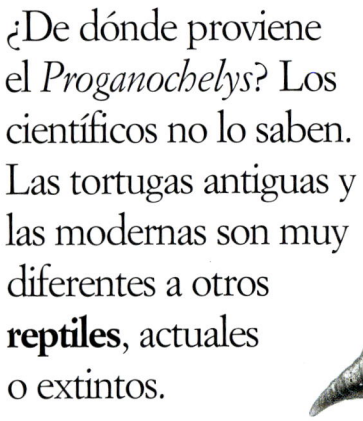

Algunos científicos creen que el *Proganochelys* evolucionó de una antigua criatura llamada *Pareiasaurus*, que ha sido descrita como un cruce entre ¡un búfalo y un sapo! Otros creen que el antepasado de la tortuga era un lagarto grande y lento llamado *Procolophonoid*.

Hoy en día la tortuga vive en todos los **medio ambientes** de la Tierra, excepto en las profundidades marinas y en los polos. Hay entre 280 y 300 especies de tortugas, que es un número pequeño si se lo compara con el gran número de especies de sus parientes, los reptiles.

Arriba: Dibujo de un *Proganochelys*, antepasado de las tortugas.

Izquierda: Dos dibujos de la cabeza del *Proganochelys*.

El caparazón de la tortuga

El caparazón de las tortugas está compuesto de dos partes: el espaldar, que cubre la parte superior del cuerpo, y el plastrón, que cubre la parte inferior. Las dos partes, que son muy resistentes, se unen entre las extremidades superiores y entre las inferiores con unas placas duras, llamadas puentes. Las dos partes unidas forman una fuerte coraza que se convierte en el hogar y el escondite de la tortuga. El caparazón protege a la tortuga de los **depredadores**, de las pisadas de los animales grandes, del fuego del bosque y del mal clima. A ciertas tortugas el caparazón les sirve de arma. Algunas tortugas macho utilizan su duro borde frontal como arma contra sus enemigos.

El caparazón de la tortuga está hecho de varias capas de hueso y proteína. Las capas están colocadas como las tejas de un techo. En la mayoría de las tortugas la última capa del caparazón está formada por escamas gigantes y duras, llamadas

Derecha: Un caparazón vacío visto boca bajo.
Abajo: Acercamiento de los escudos de una tortuga.

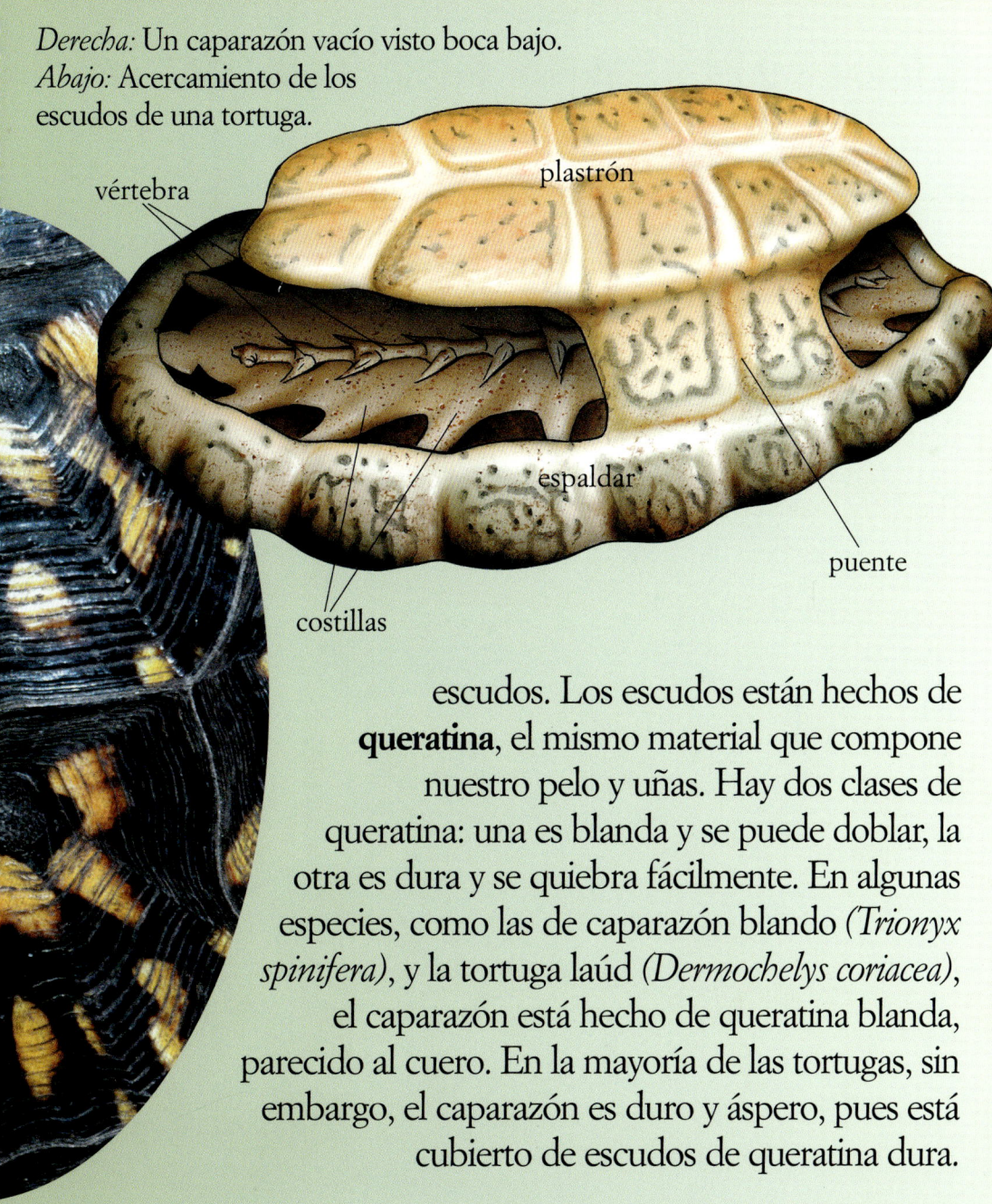

vértebra
plastrón
espaldar
puente
costillas

escudos. Los escudos están hechos de **queratina**, el mismo material que compone nuestro pelo y uñas. Hay dos clases de queratina: una es blanda y se puede doblar, la otra es dura y se quiebra fácilmente. En algunas especies, como las de caparazón blando *(Trionyx spinifera)*, y la tortuga laúd *(Dermochelys coriacea)*, el caparazón está hecho de queratina blanda, parecido al cuero. En la mayoría de las tortugas, sin embargo, el caparazón es duro y áspero, pues está cubierto de escudos de queratina dura.

Los sentidos de la vista y el olfato

Las tortugas tienen un agudo sentido de la vista y del olfato. En el agua o en la tierra pueden ver claramente a corta distancia y además diferenciar los colores. Sus grandes ojos están protegidos por gruesos párpados. El olfato se ubica en la nariz y en una estructura llamada el órgano de Jacobson, que se encuentra en el paladar. Este órgano percibe olores en el aire y envía mensajes al cerebro. En algunas tortugas el órgano de Jacobson funciona también bajo el agua. Tanto el sentido del olfato como el de la vista son muy útiles para encontrar y atrapar alimentos y para buscar a sus parejas.

Los científicos aún no están seguros de la capacidad de audición de las tortugas. Se sabe, sin embargo, que la tortuga es bastante sensible a las vibraciones o movimientos, tanto en el agua como en la tierra. Dichas vibraciones la alertan sobre la presencia de enemigos o de comida.

En medio, derecha: Diagrama del cerebro y las cavidades nasales de una tortuga.

Abajo, derecha: La cara de una tortuga de dorso con rombos que está parcialmente escondida en su concha. Los ojos, la nariz y la lengua de la tortuga, sus órganos sensitivos más importantes, se pueden ver claramente.

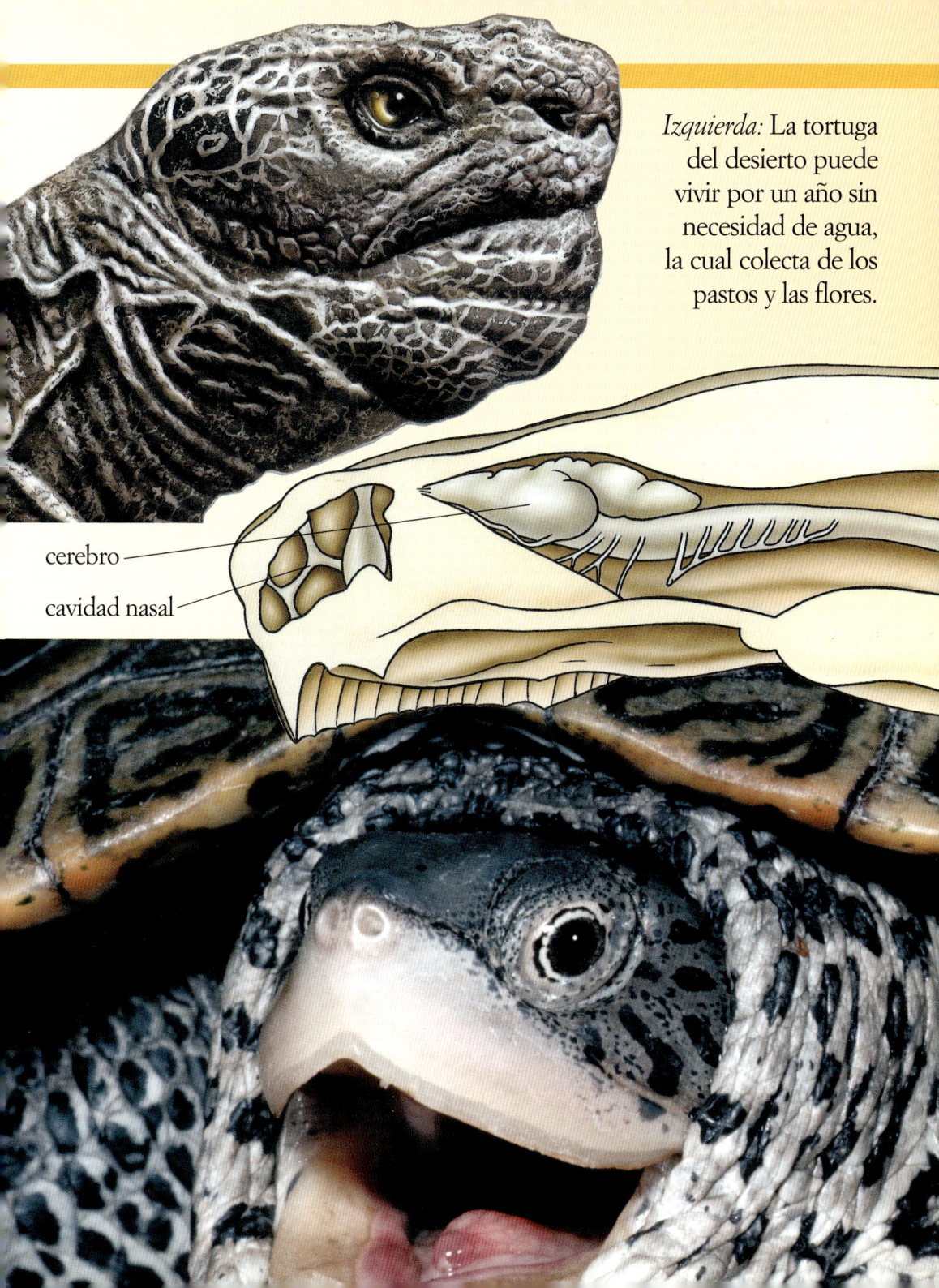

Izquierda: La tortuga del desierto puede vivir por un año sin necesidad de agua, la cual colecta de los pastos y las flores.

cerebro
cavidad nasal

Un mundo de alimentos

La mayoría de las tortugas son **omnívoras**, o sea que comen todo lo que encuentran. Las tortugas marinas se alimentan de plantas de mar. Muchas de las que viven en la tierra buscan la comida en los excrementos de los grandes **mamíferos**, donde anidan los insectos para poner sus huevos. Las tortugas de tierra dependen de las plantas para su alimento, pues no tienen la rapidez que se necesita para cazar. Otras golpean el suelo para imitar el sonido de la lluvia y engañan así a las lombrices, que salen de la tierra. Las tortugas de agua dulce se dan festines con camarones, renacuajos y peces. La tortuga espera en aguas poco profundas, enterrada en el lodo. Cuando la **presa** se acerca, la tortuga se abalanza y la atrapa con la boca. La tortuga caimán mordedora tiene un arma especial para cazar. Una parte de la lengua se le llena de sangre hasta volverse roja y grande, parecida a un gusano. La tortuga espera bajo el agua moviendo la lengua; y cuandola presa se acerca a comerse el "gusano", la tortuga cierra su mandíbula y atrapa la comida.

Arriba: Tortuga europea de charca *(Emys orbicularis)* atrapando un pez.

Abajo: La tortuga caimán mordedora *(Macroclemys temmincki)* atrapa peces usando su lengua en forma de gusano como carnada.

El ciclo de vida

Durante la mayor parte del año, la tortuga pasa los días quieta bajo el sol. También descansa en la sombra, bajo el agua o parcialmente enterrada en la tierra. Pero no lo hace por pereza. La tortuga debe hacerlo para controlar la temperatura del cuerpo, ya que no debe estar ni demasiado fría ni demasiado caliente. En las estaciones de frío o calor intensos permanece adormilada o totalmente inactiva, para ahorrar energía y calor o para evitar estar demasiado caliente.

Arriba y abajo: Tortugas poniendo sus huevos.

Las estaciones también afectan el ciclo de apareamiento y reproducción de las tortugas. En climas moderados, las

Arriba y derecha: Huevos de tortuga vistos en diferentes etapas de crecimiento.

Abajo: Una tortuga recién nacida da sus primeros pasos.

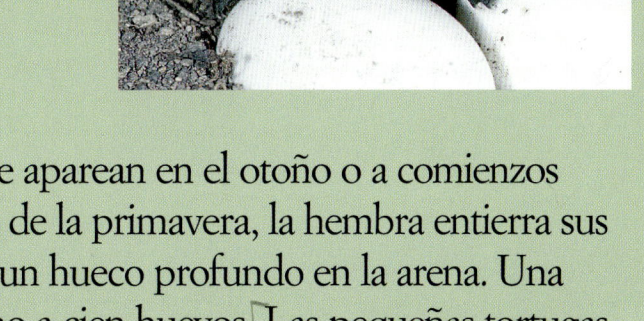

tortugas, por lo general, se aparean en el otoño o a comienzos de la primavera. A finales de la primavera, la hembra entierra sus huevos, generalmente en un hueco profundo en la arena. Una **nidada** puede tener de uno a cien huevos. Las pequeñas tortugas saldrán del cascarón entre dos meses y un año más tarde. Como la tortuga hembra deja el nido con los huevos, no tiene manera de reconocer sus crías si alguna vez las encuentra.

Crecimiento

Cada año las tortugas renuevan su caparazón, generando escudos o escamas más grandes debajo de las escamas de los años anteriores. Durante los años de abundancia de alimentos, o durante las estaciones en que el clima es bueno, los escudos son más gruesos que cuando crecen en estaciones en que hay escasez de comida o mal clima. Los escudos de las tortugas de caparazón duro desarrollan anillos similares a los que aparecen en los troncos de los árboles. Dichos anillos pueden dar claves acerca de la edad de la tortuga, su estado de salud y la calidad de su medio ambiente.

Hay historias de tortugas que vivieron siglos. Se dice que algunas tortugas de tierra han vivido hasta los 150 años. A pesar de que es difícil probar estas historias, los científicos han encontrado que las tortugas tienen vidas muy largas. Tortugas en algunos zoológicos han vivido más de 55 años. La tortuga norteamericana de caja generalmente vive 40 ó 50 años en su medio natural.

Derecha: Ésta es Kiki, tortuga de 100 años de edad que vive en un zoológico de París, Francia.

No todas las tortugas tienen caparazón duro y escudos. Aquí vemos una tortuga laúd *(Dermochelys coriacea; izquierda)* y su cría *(derecha)*, que tienen caparazón blando.

Los enemigos de las tortugas

Arriba: Un cocodrilo atrapa una tortuga de concha blanda puntiaguda (*Apalone spinifera*).

Derecha: Una tortuga de mar verde (*Chelonia mydas*) es acosada por un tiburón.

A pesar de que la mayoría de las tortugas están bien protegidas por su caparazón, las tortugas ciertamente tienen enemigos. Las tortugas jóvenes y recién nacidas son las que están en mayor peligro. Las recién nacidas y las tortugas de tierra pequeñas pueden ser atrapadas por mofetas, mapaches, halcones, cocodrilos y otros animales. Las tortugas marinas recién nacidas tienen otros enemigos, entre ellos los cangrejos y los pájaros marinos. Y las tortugas jóvenes son cazadas por los peces grandes.

Las tortugas adultas de tierra y de mar tienen muy pocos enemigos. Las tortugas marinas adultas son muy rápidas y están fuertemente acorazadas. Los tiburones y el hombre son sus únicas amenazas reales. La mayor amenaza para la tortuga adulta de tierra somos los seres humanos y nuestros automóviles. A menudo son arrolladas cuando cruzan las carreteras o las calles.

Tortugas en peligro

Las tortugas son cazadas por grandes mamíferos e incluso por otras tortugas. Los humanos, sin embargo, son la mayor amenaza para la población mundial de tortugas. Durante millones de años, los nativos de Asia, África y el Caribe han cazado tortugas y robado huevos de sus nidos. Con el desarrollo del mercado mundial, a finales del siglo XV, las tortugas y los productos de tortuga se convirtieron en una mercancía muy popular. Fue entonces cuando los europeos destruyeron especies completas, cazándolas para obtener la carne, los huevos y las conchas.

Hoy en día existen leyes para proteger numerosas especies de tortugas. En todo el mundo los seres humanos destruimos el delicado medio ambiente en el cual viven las tortugas, deforestando, secando los pantanos, represando ríos y contaminando las aguas. Los seres humanos necesitamos apreciar la belleza única de las tortugas y tomar medidas para proteger a estas maravillosas criaturas.

Estas páginas muestran algunos de los objetos más comunes que se hacen con el caparazón de las tortugas: marcos de anteojos, peines, cajas y mangos de cuchillo.

En el Lejano Oriente las conchas de las tortugas se han usado frecuentemente en el arte. Aquí vemos un plato japonés del siglo XIX tallado en la concha de una tortuga *(arriba)*, y un escrito chino de hace 3.400 años grabado en una concha *(derecha)*.

Glosario

antepasados (-as) Miembros de una familia que vivieron hace mucho tiempo.
Chelonia (la) Nombre científico de las tortugas.
depredadores (los) Animales que cazan y matan a otros animales para alimentarse.
especie (la) Grupo de plantas o animales que poseen características físicas similares.
extinto (-a) Una planta o animal que deja de existir.
fósiles (los) Restos de plantas o animales preservados en la corteza terrestre.
mamíferos (los) Grupo de animales cuyas hembras alimentan a las crías con la leche producida por glándulas especializadas de su cuerpo. Tienen sangre caliente, sistema óseo y piel cubierta de pelo.
medio ambiente (el) Conjunto de circunstancias en las que viven los animales o vegetales.
nidada (la) Conjunto de los huevos puestos en el nido.
omnívoros (los) Animales que se alimentan tanto de plantas como de otros animales.
órganos reproductores (los) Relacionado con la formación de crías o bebés.
Período Triásico (el) Período de la prehistoria que comenzó hace 245 millones de años, cuando los dinosaurios aparecieron en la Tierra.
presa (la) Animal que es cazado por otro animal y le sirve de alimento.
punzones (los) Especie de cuernos que salen del caparazón de las tortugas.
queratina (la) Proteína que constituye la parte fundamental de las capas externas de la epidermis en los vertebrados.
reptiles (los) Animales que se arrastran sobre el estómago o caminan sobre pequeñas patas y tienen por lo general el cuerpo cubierto de escamas o placas óseas.
sistema digestivo (el) Órganos que procesan los alimentos.

Índice

A
alimentos, 14, 16, 20
antepasados, 10

C
caparazón, 4, 6, 12–13, 20, 22, 24
caparazón blando, 13
cascarón, 19
cuerpo, partes del, 4, 6, 12–13, 14, 20

E
enemigos, 12, 14, 22–23, 24
especies, 10, 11, 24
expectativa de vida, 20

H
huevos, 19, 24

R
reproducción, 18–19
reptiles, 11

S
sentidos, 14
seres humanos, 23, 24

T
tortugas de agua dulce, 4, 8, 9, 16
tortugas marinas, 4, 8, 9, 16, 22–23
tortugas terrestres, 4, 8, 9, 16, 20, 23

V
vida diaria, 18–19

Sitios Web

Debido a las constantes modificaciones en los sitios de Internet, Editorial Buenas Letras ha desarrollado un listado de sitios Web relacionados con el tema de este libro. Este sitio se actualiza con regularidad. Por favor, usa este enlace para acceder a la lista:

www.buenasletraslinks/nat/tortugas

Acerca del autor

Gillian Houghton es editora y escritora independiente y vive en la ciudad de Nueva York.

Créditos fotográficos

pages 12-13: © Mary Ann McDonald /Corbis; page 15 (bottom): © Joe McDonald/Corbis; pages 18 (top), 19 (top, left and center): © Giuliano Cappelli; page 21 (top): © Franco Steve/France Soir/Corbis